Impressum
Verlag: BABADADA GmbH, Nedderfeld 112 , 22529 Hamburg
Geschäftsführer / Verlagsleitung: Harald Hof
Druck: Books on Demand GmbH, In de Tarpen 42, 22848 Norderstedt

Imprint
Publisher: BABADADA GmbH, Nedderfeld 112 , 22529 Hamburg, Germany
Managing Director / Publishing direction: Harald Hof
Print: Books on Demand GmbH, In de Tarpen 42, 22848 Norderstedt

die Schule

colegio

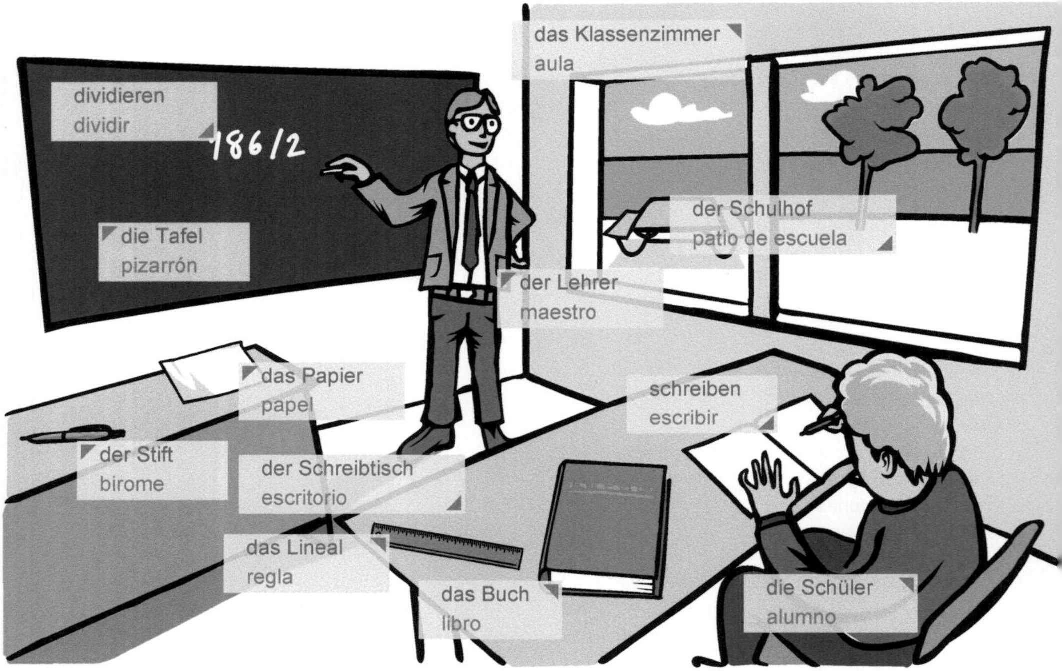
das Klassenzimmer
aula
dividieren
dividir
186/2
die Tafel
pizarrón
der Schulhof
patio de escuela
der Lehrer
maestro
das Papier
papel
schreiben
escribir
der Stift
birome
der Schreibtisch
escritorio
das Lineal
regla
das Buch
libro
die Schüler
alumno

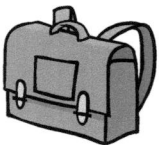

der Ranzen

mochila

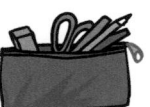

die Federmappe

caja de lápices

der Bleistift

lápiz

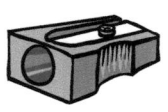

der Bleistiftanspitzer

sacapuntas

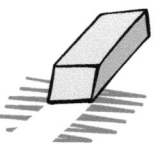

das Radiergummi

goma (de borrar)

der Zeichenblock

bloc de dibujo

die Zeichnung

dibujo

der Pinsel

pincel

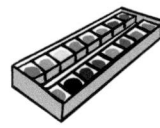

der Malkasten

caja de pinturas

die Schere

tijera

der Klebstoff

pegamento

das Übungsheft

cuaderno de ejercicios

die Hausaufgabe

tarea

die Zahl

número

addieren

sumar

subtrahieren

restar

multiplizieren

multiplicar

rechnen

calcular

der Buchstabe

letra

das Alphabet

abecedario

das Wort

palabra

der Text

texto

lesen

leer

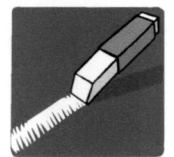

die Kreide

tiza

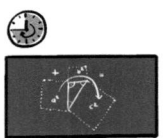

die Stunde

lección

das Klassenbuch

cuaderno de clase

die Prüfung

examen

das Zeugnis

certificado

die Schuluniform

uniforme escolar

die Ausbildung

educación

das Lexikon

enciclopedia

die Universität

universidad

das Mikroskop

microscopio

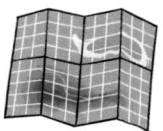

die Karte

mapa

der Papierkorb

tacho (de basura)

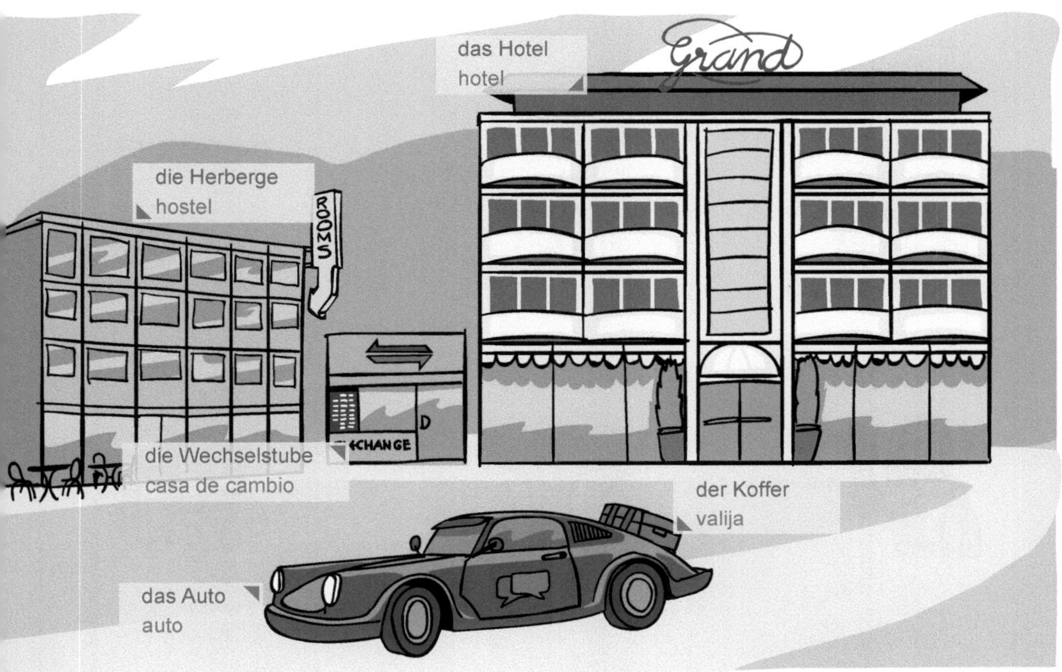

das Hotel
hotel
Grand
die Herberge
hostel
ROOMS
EXCHANGE
die Wechselstube
casa de cambio
der Koffer
valija
das Auto
auto

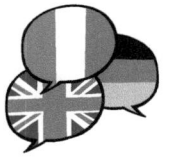

die Sprache

idioma

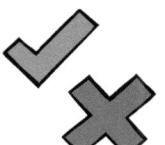

ja / nein

sí / no

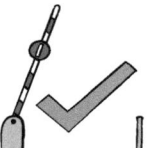

Okay

Está bien

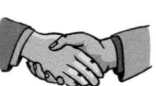

Hallo

hola

der Übersetzer

traductor

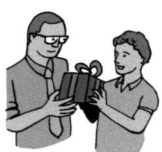

Danke

Gracias

Was kostet…?

¿cuánto cuesta…?

Ich verstehe nicht

No entiendo

das Problem

problema

Guten Abend!

¡Buenas tardes!

Guten Morgen!

¡Buenos días!

Gute Nacht!

¡Buenas noches!

Auf Wiedersehen

adiós

die Richtung

dirección

das Gepäck

equipaje

die Tasche

bolso

der Rucksack

mochila

der Gast

invitado

das Zimmer

habitación

der Schlafsack

bolsa de dormir

das Zelt

carpa

die Touristeninformation

información turística

der Strand

playa

die Kreditkarte

tarjeta de crédito

das Frühstück

desayuno

das Mittagessen

almuerzo

das Abendessen

cena

die Fahrkarte

pasaje

der Fahrstuhl

ascensor

die Briefmarke

sello

die Grenze

frontera

der Zoll

aduana

die Botschaft

embajada

das Visum

visa

der Pass

pasaporte

die Reise - viaje

der Transport
transporte

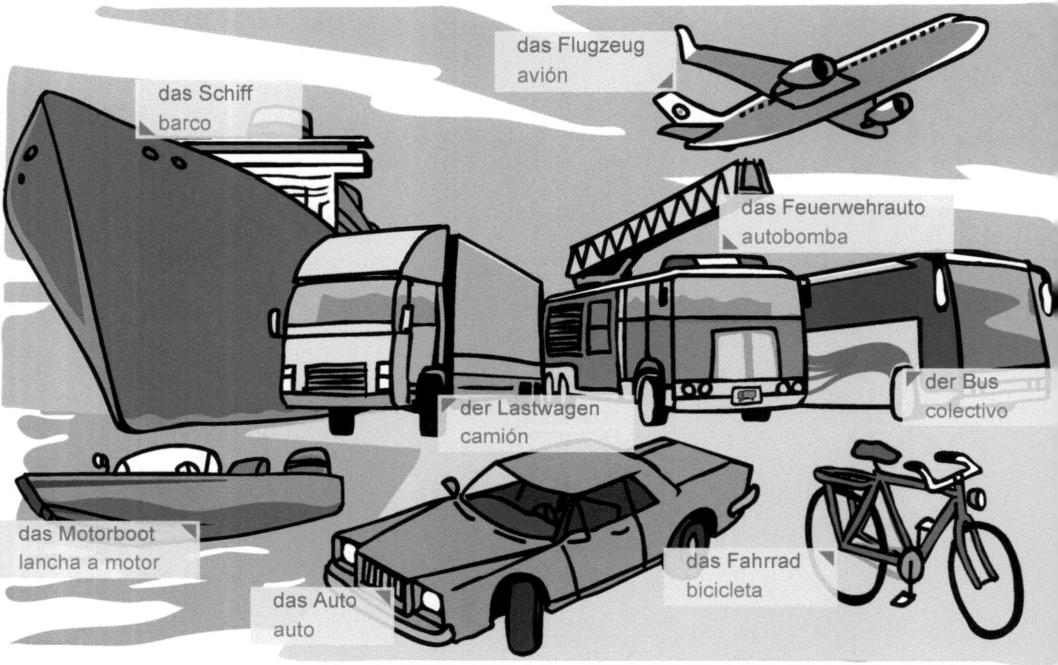

das Flugzeug
avión

das Schiff
barco

das Feuerwehrauto
autobomba

der Lastwagen
camión

der Bus
colectivo

das Motorboot
lancha a motor

das Fahrrad
bicicleta

das Auto
auto

die Fähre

ferry

das Boot

bote

das Motorrad

moto

das Polizeiauto

patrullero

das Rennauto

auto de carreras

der Mietwagen

auto de alquiler

das Carsharing

alquiler de autos

der Abschleppwagen

grúa

das Müllauto

camión de basura

der Motor

motor

der Kraftstoff

nafta

die Tankstelle

estación de servicio

das Verkehrsschild

señal de tránsito

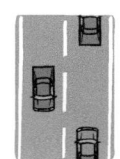

der Verkehr

tránsito

der Stau

embotellamiento

der Parkplatz

estacionamiento

der Bahnhof

estación de tren

die Schienen

vías

der Zug

tren

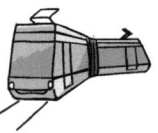

die Straßenbahn

tranvía

der Wagon

vagón

der Helikopter

helicóptero

der Flughafen

aeropuerto

der Tower

torre

der Passagier

pasajero

der Container

contenedor

der Karton

caja de cartón

der Karren

carretilla

der Korb

canasta

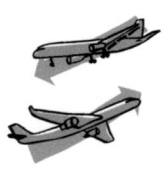

starten / landen

despegar / aterrizar

die Stadt
ciudad

das Dorf

pueblo

das Stadtzentrum

centro de ciudad

das Haus

casa

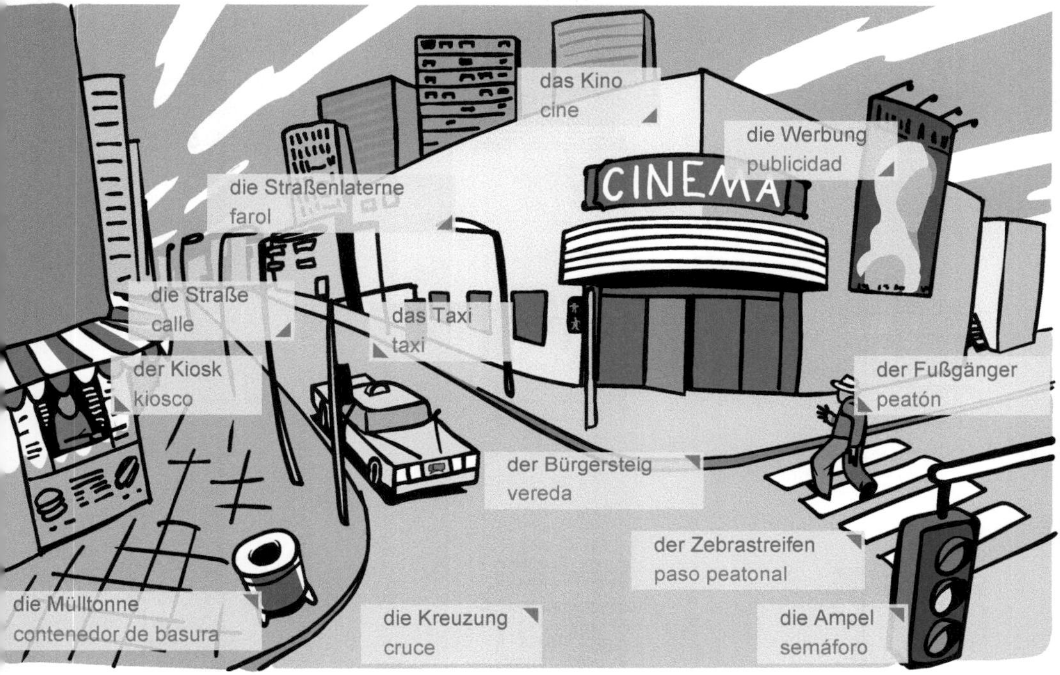

das Kino
cine

die Werbung
publicidad

die Straßenlaterne
farol

CINEMA

die Straße
calle

das Taxi
taxi

der Kiosk
kiosco

der Fußgänger
peatón

der Bürgersteig
vereda

der Zebrastreifen
paso peatonal

die Mülltonne
contenedor de basura

die Kreuzung
cruce

die Ampel
semáforo

die Hütte

cabaña

die Wohnung

departamento

der Bahnhof

estación de tren

das Rathaus

municipalidad

das Museum

museo

die Schule

colegio

die Universität

universidad

die Bank

banco

das Krankenhaus

hospital

das Hotel

hotel

die Apotheke

farmacia

das Büro

oficina

die Buchhandlung

librería

das Geschäft

negocio

der Blumenladen

florería

der Supermarkt

supermercado

der Markt

mercado

das Kaufhaus

grandes tiendas

der Fischhändler

pescadería

das Einkaufszentrum

centro comercial

der Hafen

puerto

der Park

parque

die Bank

banco

die Brücke

puente

die Treppe

escaleras

die U-Bahn

subte

der Tunnel

túnel

die Bushaltestelle

parada del colectivo

die Bar

bar

das Restaurant

restaurante

der Briefkasten

buzón

das Straßenschild

letrero

die Parkuhr

parquímetro

der Zoo

zoológico

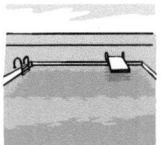

die Badeanstalt

pileta

die Moschee

mezquita

der Bauernhof

granja

die Umweltverschmutzung

contaminación

der Friedhof

cementerio

die Kirche

iglesia

der Spielplatz

juegos infantiles

der Tempel

templo

die Landschaft

paisaje

das Blatt
hoja

der Wegweiser
poste indicador

der Weg
camino

die Wiese
pradera

der Stein
piedra

der Baum
árbol

der Wanderer
excursionista

der Fluss
río

das Gras
hierba

die Blume
flor

das Tal

valle

der Berg

montaña

der See

lago

der Wald

bosque

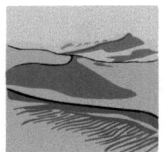

die Wüste

desierto

der Vulkan

volcán

das Schloss

castillo

der Regenbogen

arco iris

der Pilz

champiñón

die Palme

palmera

der Moskito

mosquito

die Fliege

mosca

die Ameise

hormiga

die Biene

abeja

die Spinne

araña

der Käfer
escarabajo

der Frosch
rana

das Eichhörnchen
ardilla

der Igel
erizo

der Hase
liebre

die Eule
lechuza

die Vogel
pájaro

der Schwan
cisne

das Wildschwein
jabalí

der Hirsch
ciervo

der Elch
alce

der Staudamm
presa

das Windrad
aerogenerador

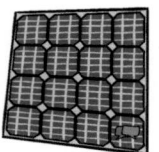

das Solarmodul
panel solar

das Klima
clima

das Restaurant
restaurante

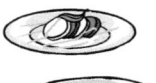

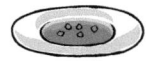

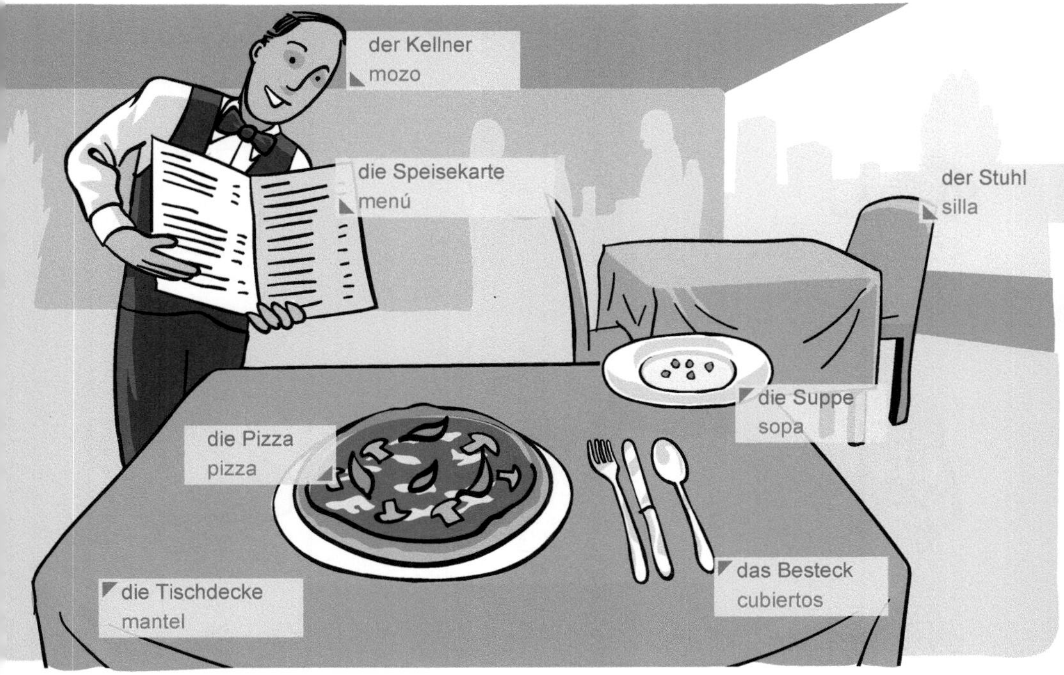
der Kellner
mozo
die Speisekarte
menú
der Stuhl
silla
die Suppe
sopa
die Pizza
pizza
das Besteck
cubiertos
die Tischdecke
mantel

die Vorspeise
entrada

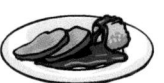

das Hauptgericht
plato principal

die Nachspeise
postre

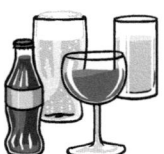

die Getränke
bebidas

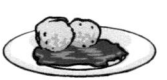

das Essen
comida

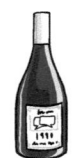

die Flasche
botella

das Fastfood

comida rápida

das Streetfood

comida callejera

die Teekanne

tetera

die Zuckerdose

azucarera

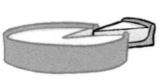

die Portion

porción

die Espressomaschine

cafetera expreso

der Hochstuhl

sillita alta

die Rechnung

cuenta

das Tablett

bandeja

das Messer

cuchillo

die Gabel

tenedor

der Löffel

cuchara

der Teelöffel

cucharita

die Serviette

servilleta

das Glas

vaso

der Teller

plato

der Suppenteller

plato hondo

die Untertasse

plato

die Sauce

salsa

der Salzstreuer

salero

die Pfeffermühle

molinillo de pimienta

der Essig

vinagre

das Öl

aceite

die Gewürze

especias

das Ketchup

kétchup

der Senf

mostaza

die Mayonnaise

mayonesa

der Supermarkt

supermercado

das Angebot
oferta especial
FOR
der Kunde
cliente
die Milchprodukte
lácteos
das Obst
fruta
der Einkaufswagen
changuito

BUTCHERS

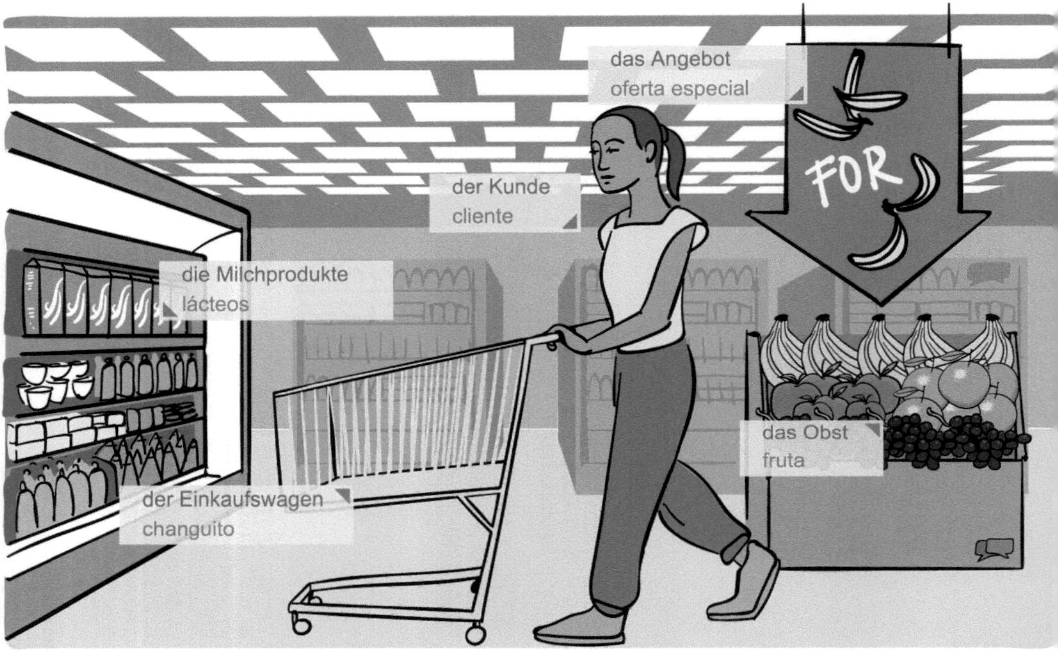

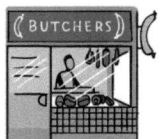

die Schlachterei

carnicería

BAKERY

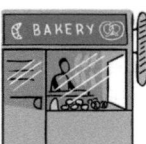

die Bäckerei

panadería

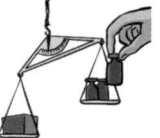

wiegen

pesar

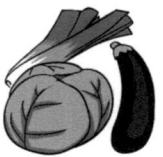

das Gemüse

verduras

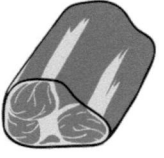

das Fleisch

carne

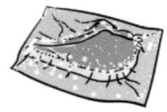

die Tiefkühlkost

alimentos congelados

der Aufschnitt

fiambres

die Konserven

alimentos enlatados

das Waschmittel

detergente en polvo

die Süßigkeiten

golosinas

die Haushaltsartikel

electrodomésticos

das Reinigungsmittel

productos de limpieza

die Verkäuferin

vendedora

die Kasse

caja

der Kassierer

cajero

die Einkaufsliste

lista de compras

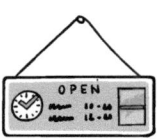

die Öffnungszeiten

horario de atención

die Brieftasche

billetera

die Kreditkarte

tarjeta de crédito

die Tasche

cartera

die Plastiktüte

bolsa de plástico

bebidas

das Wasser

agua

der Saft

jugo

die Milch

leche

die Cola

bebida cola

der Wein

vino

das Bier

cerveza

der Alkohol

alcohol

der Kakao

cacao

der Tee

té

der Kaffee

café

der Espresso

café expreso

der Cappuccino

cappuccino

die Banane

banana

der Apfel

manzana

die Orange

naranja

die Melone

melón

die Zitrone

limón

die Karotte

zanahoria

der Knoblauch

ajo

der Bambus

bambú

die Zwiebel

cebolla

der Pilz

champiñón

die Nüsse

nueces

die Nudeln

fideos

die Spaghetti

tallarines

der Reis

arroz

der Salat

ensalada

die Pommes frites

papas fritas

die Bratkartoffeln

papas fritas

die Pizza

pizza

der Hamburger

hamburguesa

das Sandwich

sándwich

das Schnitzel

churrasco

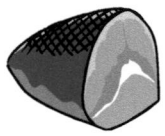

der Schinken

jamón

die Salami

salame

die Wurst

salchicha

das Huhn

pollo

der Braten

asado

der Fisch

pescado

die Haferflocken

copos de avena

das Müsli

muesli

die Cornflakes

copos de maíz

das Mehl

harina

das Croissant

medialuna

das Brötchen

pancito

das Brot

pan

der Toast

tostada

die Kekse

galletitas

die Butter

manteca

der Quark

cuajada

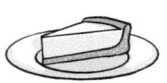

der Kuchen

torta

das Ei

huevo

das Spiegelei

huevo frito

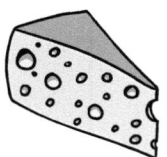

der Käse

queso

die Eiscreme

helado

der Zucker

azúcar

der Honig

miel

die Marmelade

mermelada

die Nougat-Creme

pasta de chocolate

das Curry

curry

der Bauernhof
granja

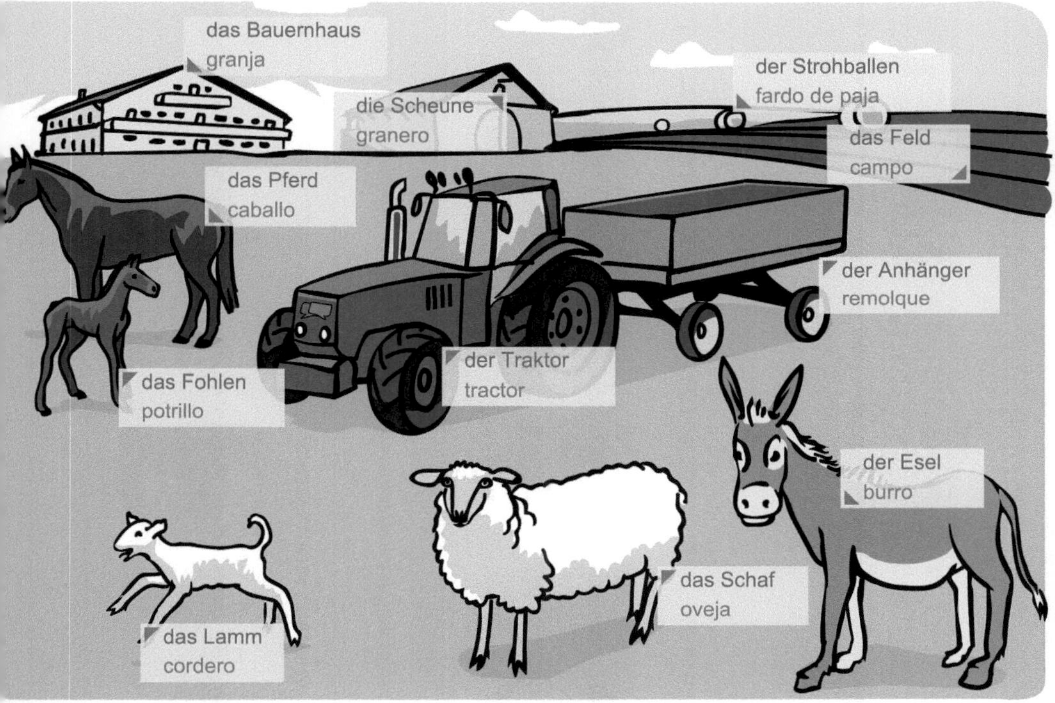
das Bauernhaus
granja
der Strohballen
fardo de paja
die Scheune
granero
das Feld
campo
das Pferd
caballo
der Anhänger
remolque
der Traktor
tractor
das Fohlen
potrillo
der Esel
burro
das Schaf
oveja
das Lamm
cordero

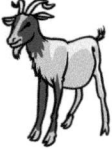

die Ziege

cabra

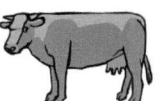

die Kuh

vaca

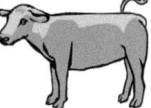

das Kalb

ternero

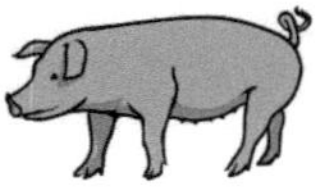

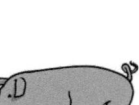

das Schwein

cerdo

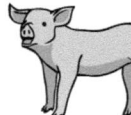

das Ferkel

lechón

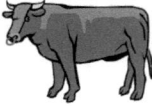

der Bulle

toro

die Gans

ganso

die Ente

pato

das Küken

pollo

das Huhn

gallina

der Hahn

gallo

die Ratte

rata

die Katze

gato

die Maus

ratón

der Ochse

buey

der Hund

perro

die Hundehütte

cucha

der Gartenschlauch

manguera

die Gießkanne

regadera

die Sense

guadaña

der Pflug

arado

die Sichel

hoz

die Hacke

azada

die Mistgabel

horquilla

die Axt

hacha

die Schubkarre

carretilla

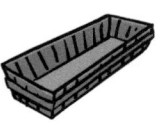

der Trog

abrevadero

die Milchkanne

lechera

der Sack

bolsa

der Zaun

reja

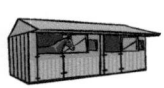

der Stall

establo

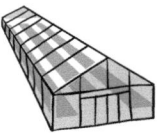

das Treibhaus

invernadero

der Boden

suelo

die Saat

semilla

der Dünger

fertilizador

der Mähdrescher

cosechadora

ernten

cosechar

die Ernte

cosecha

die Yamswurzel

batatas

der Weizen

trigo

das Soja

soja

die Kartoffel

papa

der Mais

maíz

der Raps

semilla de colza

der Obstbaum

árbol frutal

der Maniok

mandioca

das Getreide

cereales

das Haus
casa

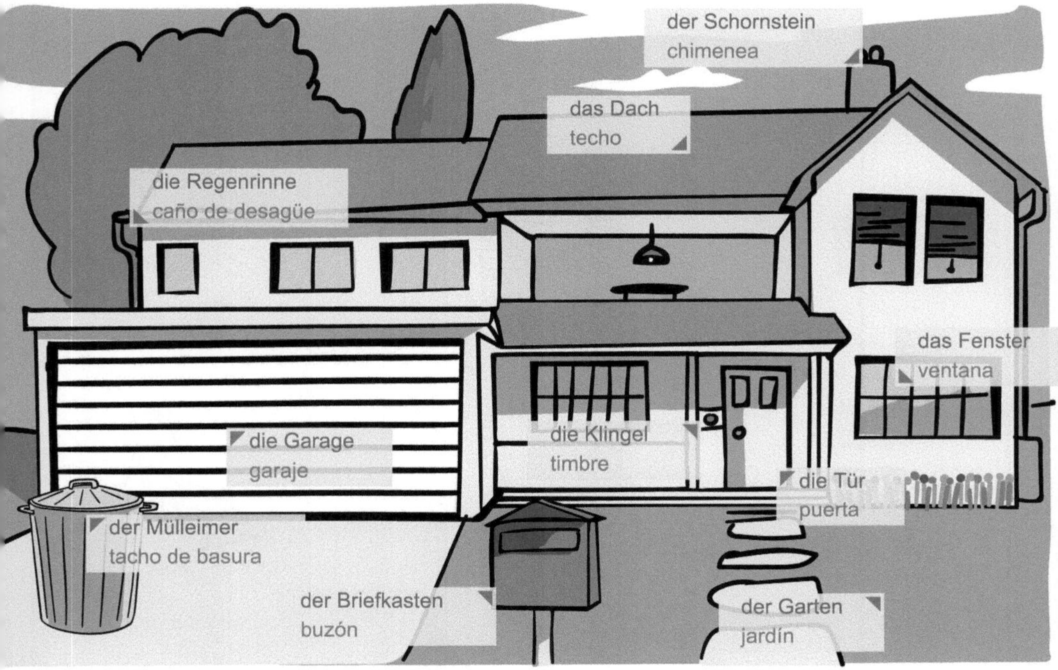
der Schornstein
chimenea
das Dach
techo
die Regenrinne
caño de desagüe
das Fenster
ventana
die Klingel
timbre
die Garage
garaje
die Tür
puerta
der Mülleimer
tacho de basura
der Briefkasten
buzón
der Garten
jardín

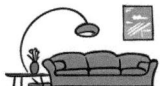

das Wohnzimmer

living

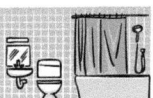

das Badezimmer

baño

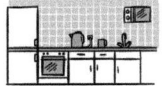

die Küche

cocina

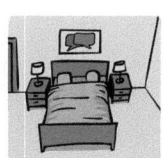

das Schlafzimmer

dormitorio

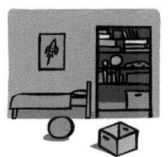

das Kinderzimmer

cuarto de los chicos

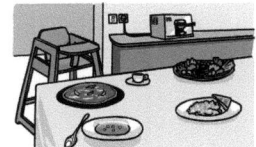

das Esszimmer

comedor

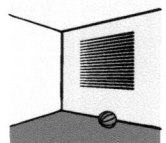

der Boden

piso

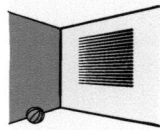

die Wand

pared

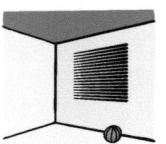

die Decke

cielorraso

der Keller

sótano

die Sauna

sauna

der Balkon

balcón

die Terrasse

terraza

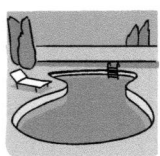

das Schwimmbad

pileta

der Rasenmäher

cortadora de pasto

der Bettbezug

sábana

die Bettdecke

acolchado

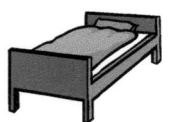

das Bett

cama

der Besen

escoba

der Eimer

balde

der Schalter

interruptor

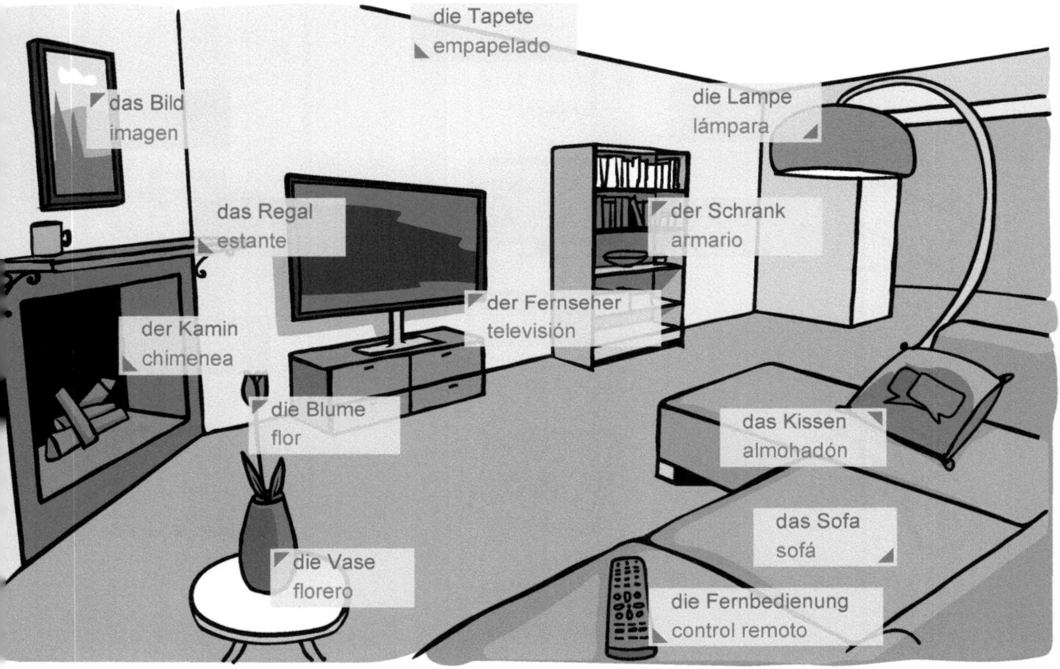

die Tapete
empapelado

das Bild
imagen

die Lampe
lámpara

das Regal
estante

der Schrank
armario

der Fernseher
televisión

der Kamin
chimenea

die Blume
flor

das Kissen
almohadón

das Sofa
sofá

die Vase
florero

die Fernbedienung
control remoto

der Teppich
alfombra

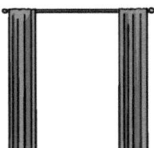

der Vorhang
cortina

der Tisch
mesa

der Stuhl
silla

der Schaukelstuhl
mecedora

der Sessel
sillón

das Buch

libro

die Decke

frazada

die Dekoration

decoración

das Feuerholz

leña

der Film

película

die Stereoanlage

equipo de música

der Schlüssel

llave

die Zeitung

diario

das Gemälde

pintura

das Poster

póster

das Radio

radio

der Notizblock

cuaderno

der Staubsauger

aspiradora

der Kaktus

cactus

die Kerze

vela

die Küche
cocina

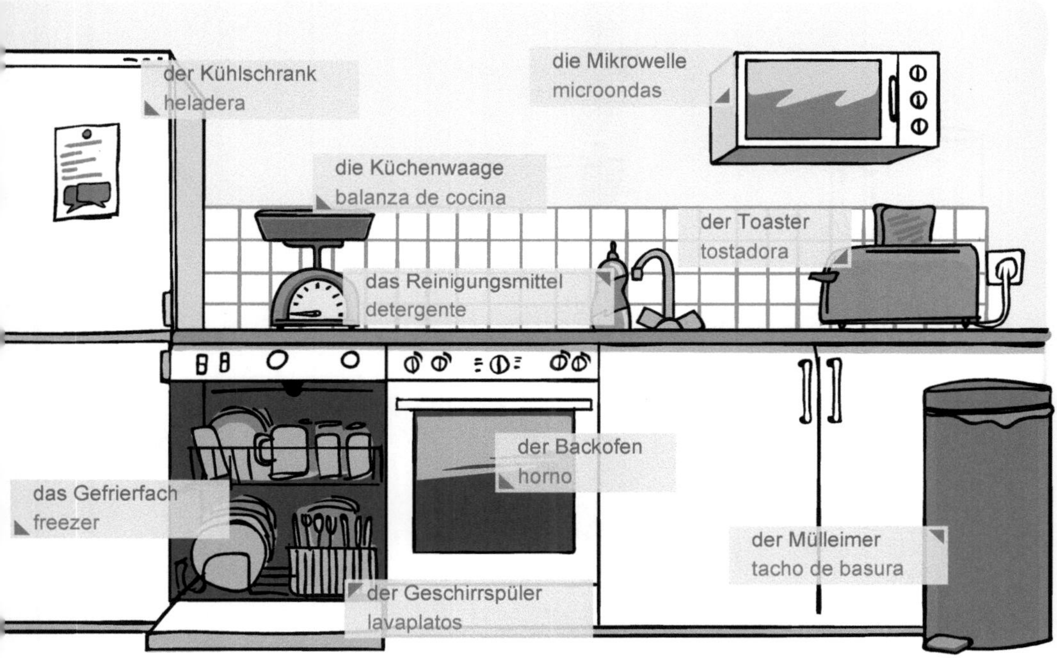
der Kühlschrank
heladera
die Mikrowelle
microondas
die Küchenwaage
balanza de cocina
der Toaster
tostadora
das Reinigungsmittel
detergente
der Backofen
horno
das Gefrierfach
freezer
der Mülleimer
tacho de basura
der Geschirrspüler
lavaplatos

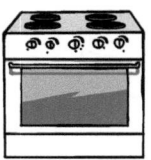

der Herd

cocina

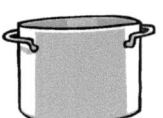

der Topf

olla

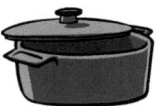

der Eisentopf

olla de hierro fundido

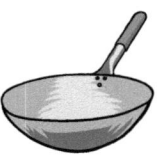

der Wok / Kadai

wok

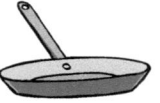

die Pfanne

sartén

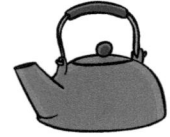

der Wasserkocher

pava

der Dampfgarer

vaporera

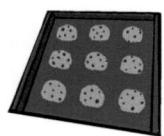

das Backblech

bandeja de horno

das Geschirr

vajilla

der Becher

taza

die Schale

bol

die Essstäbchen

palitos

die Suppenkelle

cucharón

der Pfannenwender

estpátula

der Schneebesen

batidora

das Kochsieb

colador

das Sieb

colador

die Reibe

rallador

der Mörser

mortero

der Grill

parrilla

die Feuerstelle

fogata

das Schneidebrett

tabla de picar

das Nudelholz

palo de amasar

der Korkenzieher

sacacorchos

die Dose

lata

der Dosenöffner

abrelatas

der Topflappen

manopla

das Waschbecken

pileta

die Bürste

cepillo

der Schwamm

esponja

der Mixer

batidora

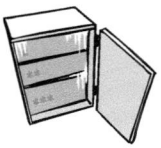

die Gefriertruhe

congelador

die Babyflasche

mamadera

der Wasserhahn

canilla

das Badezimmer

baño

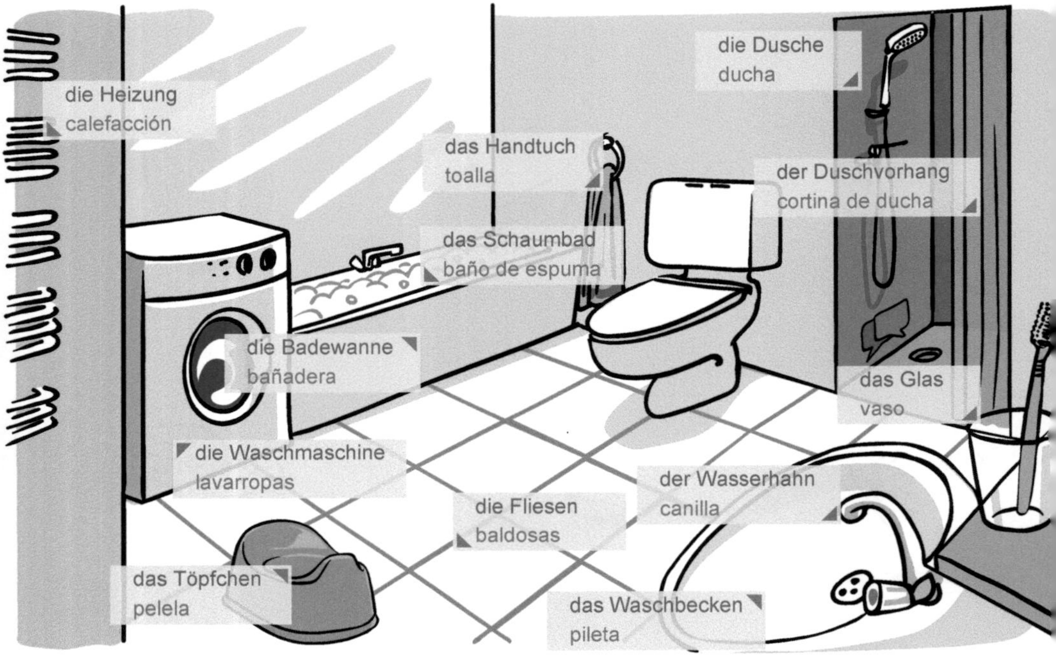

die Dusche
ducha

die Heizung
calefacción

das Handtuch
toalla

der Duschvorhang
cortina de ducha

das Schaumbad
baño de espuma

die Badewanne
bañadera

das Glas
vaso

die Waschmaschine
lavarropas

die Fliesen
baldosas

der Wasserhahn
canilla

das Töpfchen
pelela

das Waschbecken
pileta

die Toilette

inodoro

die Hocktoilette

letrina

das Bidet

bidé

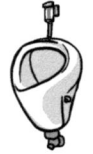

das Pissoir

mingitorio

das Toilettenpapier

papel higiénico

die Toilettenbürste

cepillo para el inodoro

die Zahnbürste

cepillo de dientes

die Zahnpasta

dentífrico

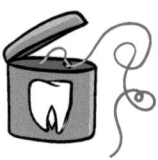

die Zahnseide

hilo dental

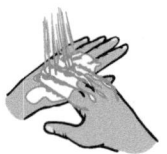

waschen

lavar

die Handbrause

ducha de mano

die Intimdusche

ducha higiénica

die Waschschüssel

palangana

die Rückenbürste

cepillo para espalda

die Seife

jabón

das Duschgel

gel de ducha

das Shampoo

shampoo

der Waschlappen

toallita

der Abfluss

desagüe

die Creme

crema

das Deodorant

desodorante

der Spiegel

espejo

der Kosmetikspiegel

espejito

der Rasierer

maquinita de afeitar

der Rasierschaum

espuma de afeitar

das Rasierwasser

aftershave

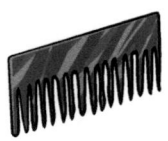

der Kamm

peine

die Bürste

cepillo

der Föhn

secador de pelo

das Haarspray

spray

das Makeup

maquillaje

der Lippenstift

lápiz de labios

der Nagellack

esmalte para uñas

die Watte

algodón

die Nagelschere

tijera para uñas

das Parfum

perfume

der Kulturbeutel

portacosméticos

der Hocker

banqueta

die Waage

balanza

der Bademantel

bata

die Gummihandschuhe

guantes de goma

das Tampon

tampón

die Damenbinde

toallita femenina

die Chemietoilette

baño químico

das Kinderzimmer
cuarto de los chicos

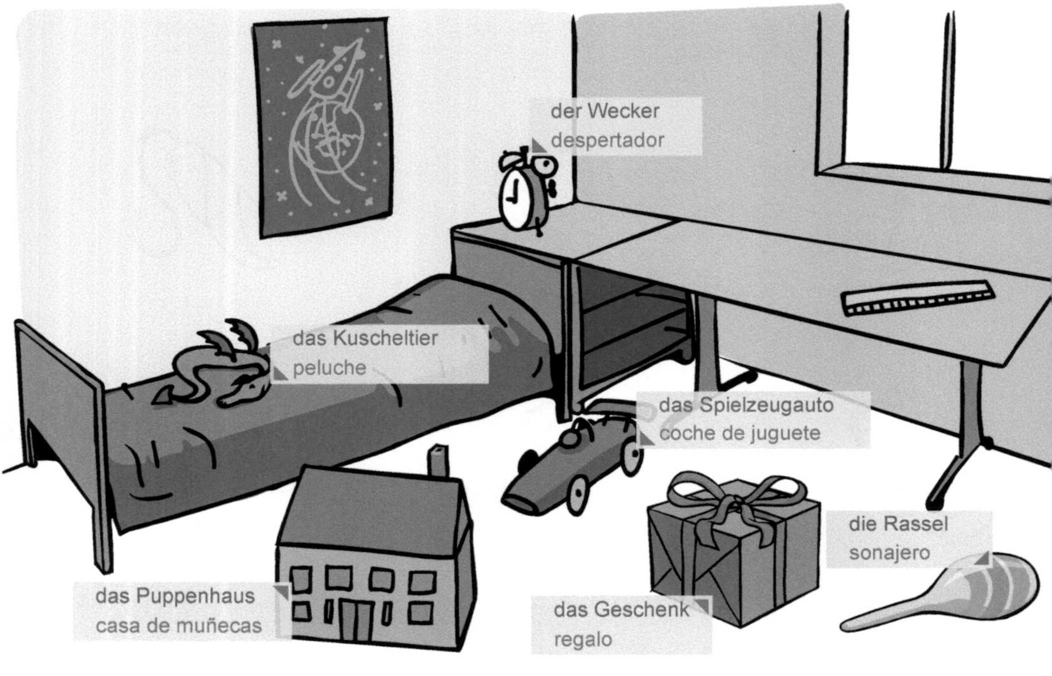

der Wecker
despertador
das Kuscheltier
peluche
das Spielzeugauto
coche de juguete
die Rassel
sonajero
das Puppenhaus
casa de muñecas
das Geschenk
regalo

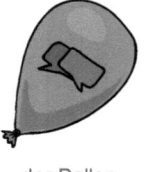

der Ballon

globo

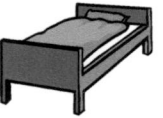

das Bett

cama

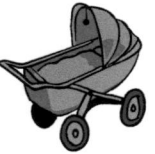

der Kinderwagen

cochecito

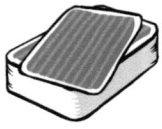

das Kartenspiel

cartas

das Puzzle

rompecabezas

SUPER MEGA

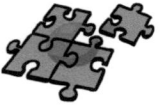

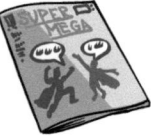

der Comic

historieta

die Legosteine

piezas de lego

die Bausteine

ladrillos de juguete

die Action Figur

figura de acción

der Strampelanzug

enterito (de bebé)

das Frisbee

frisbee

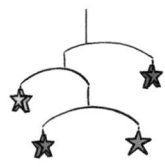

das Mobile

móvil para bebés

das Brettspiel

juego de mesa

der Würfel

dados

die Modelleisenbahn

tren eléctrico

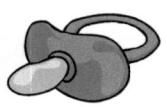

der Schnuller

chupete

die Party

fiesta

das Bilderbuch

libro de cuentos ilustrado

der Ball

pelota

die Puppe

muñeca

spielen

jugar

der Sandkasten

arenero

die Schaukel

hamaca

das Spielzeug

juguetes

die Spielkonsole

consola de videojuegos

das Dreirad

triciclo

der Teddy

osito de peluche

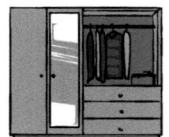

der Kleiderschrank

armario

die Kleidung

ropa

die Socken

medias

die Strümpfe

medias panty

die Strumpfhose

calzas

der Schal
bufanda

der Regenschirm
paraguas

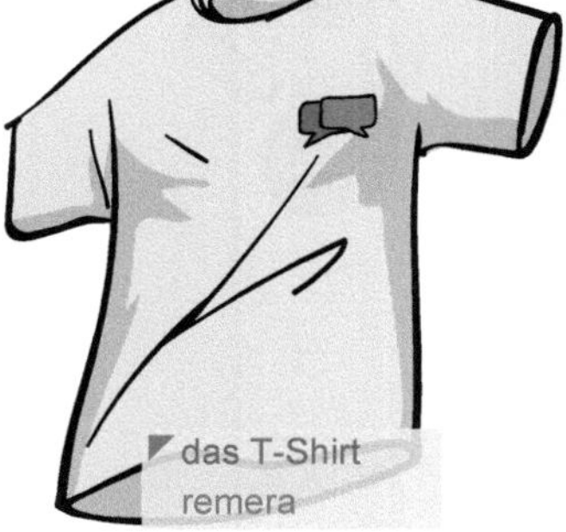

das T-Shirt
remera

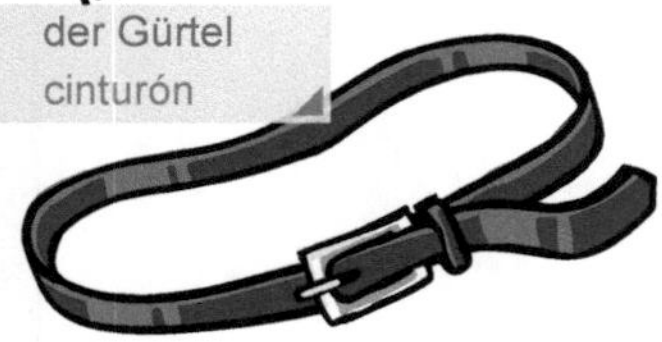

der Gürtel
cinturón

der Stiefel
botas

die Hausschuhe
pantuflas

die Turnschuhe
zapatillas

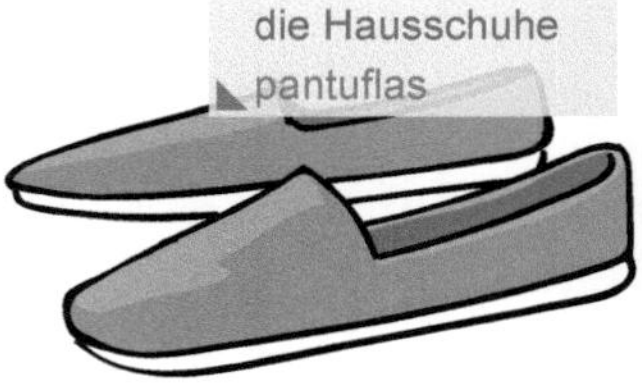

die Sandalen
....
sandalias

die Schuhe
....
zapatos

die Gummistiefel
....
botas de goma

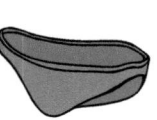

die Unterhose
....
ropa interior

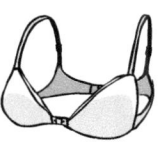

der Büstenhalter
....
corpiño

das Unterhemd
....
chaleco

die Kleidung - ropa

der Body
body

die Hose
pantalones

die Jeans
jeans

der Rock
pollera

die Bluse
blusa

das Hemd
camisa

der Pullover
pulóver

der Kapuzenpullover
buzo

der Blazer
blazer

die Jacke
campera

der Mantel
tapado

der Regenmantel
piloto

das Kostüm
traje

das Kleid
vestido

das Hochzeitskleid
vestido de novia

die Kleidung - ropa

der Anzug
traje

das Nachthemd
camisón

der Schlafanzug
pijama

der Sari
sari

das Kopftuch
pañuelo para cabeza

der Turban
turbante

die Burka
burka

der Kaftan
caftán

die Abaya
abaya

der Badeanzug
traje de baño

die Badehose
short de baño

die kurze Hose
shorts

der Trainingsanzug
jogging

die Schürze
delantal

die Handschuhe
guantes

der Knopf

botón

die Brille

anteojos

das Armband

pulsera

die Halskette

collar

der Ring

anillo

der Ohrring

aro

die Mütze

gorra

der Kleiderbügel

percha

der Hut

sombrero

die Krawatte

corbata

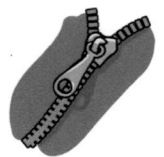

der Reißverschluss

cierre

der Helm

casco

der Hosenträger

tiradores

die Schuluniform

uniforme escolar

die Uniform

uniforme

das Lätzchen
babero

der Schnuller
chupete

die Windel
pañal

das Büro
oficina

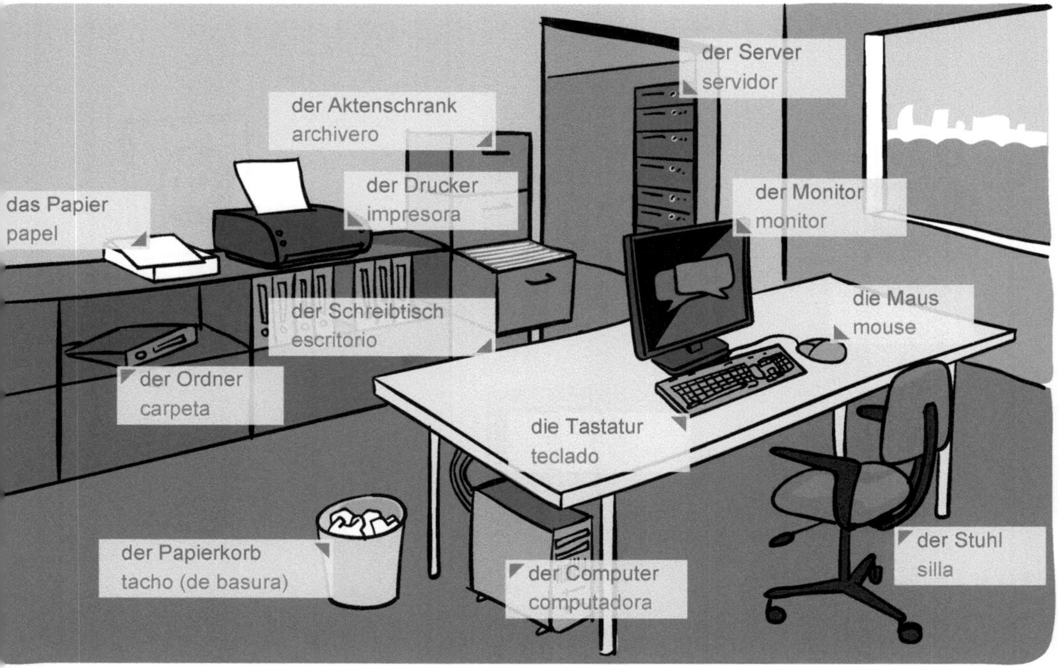

der Server
servidor

der Aktenschrank
archivero

der Drucker
impresora

das Papier
papel

der Monitor
monitor

der Schreibtisch
escritorio

die Maus
mouse

der Ordner
carpeta

die Tastatur
teclado

der Papierkorb
tacho (de basura)

der Computer
computadora

der Stuhl
silla

der Kaffeebecher
taza de café

der Taschenrechner
calculadora

das Internet
internet

der Laptop
laptop

der Brief
carta

die Nachricht
mensaje

das Handy
celular

das Netzwerk
red

der Kopierer
fotocopiadora

die Software
software

das Telefon
teléfono

die Steckdose
tomacorriente

das Fax
fax

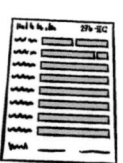

das Formular
formulario

das Dokument
documento

kaufen

comprar

bezahlen

pagar

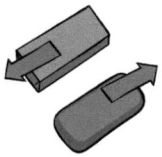

handeln

hacer negocios

das Geld

dinero

der Dollar

dólar

der Euro

euro

der Yen

yen

der Rubel

rublo

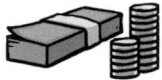

der Franken

franco suizo

der Renminbi Yuan

yuan

die Rupie

rupia

der Geldautomat

cajero automático

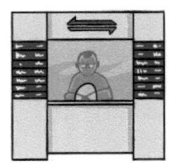

die Wechselstube

casa de cambio

das Gold

oro

das Silber

plata

das Öl

petróleo

die Energie

energía

der Preis

precio

der Vertrag

contrato

die Steuer

impuesto

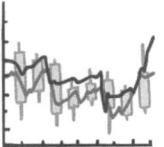

die Aktie

acción

arbeiten

trabajar

der Angestellte

empleado

der Arbeitgeber

empleador

die Fabrik

fábrica

das Geschäft

negocio

die Berufe
ocupaciones

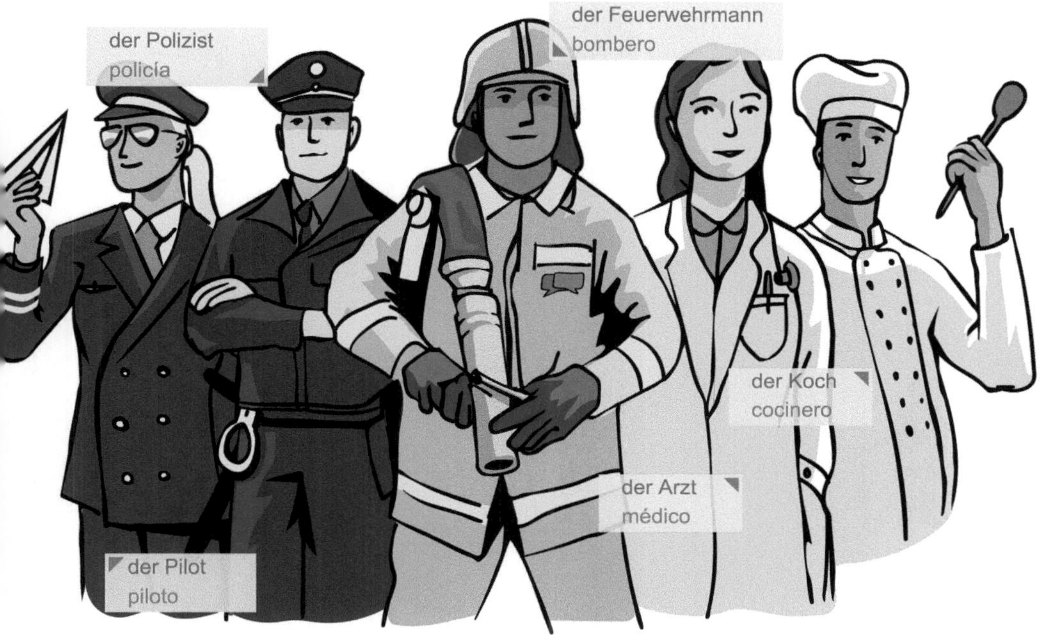

der Feuerwehrmann
bombero
der Polizist
policía
der Koch
cocinero
der Arzt
médico
der Pilot
piloto

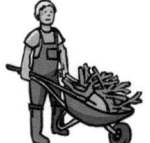

der Gärtner

jardinero

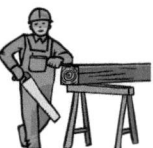

der Tischler

carpintero

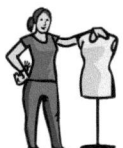

die Näherin

modista

der Richter

juez

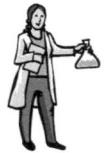

der Chemiker

farmacéutico

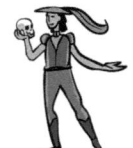

der Schauspieler

actor

der Busfahrer

colectivero

der Taxifahrer

taxista

der Fischer

pescador

die Putzfrau

mucama

der Dachdecker

techista

der Kellner

mozo

der Jäger

cazador

der Maler

pintor

der Bäcker

panadero

der Elektriker

electricista

der Bauarbeiter

albañil

der Ingenieur

ingeniero

der Schlachter

carnicero

der Klempner

plomero

der Postbote

cartero

der Soldat

soldado

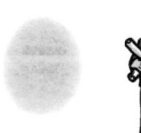

der Architekt

arquitecto

der Kassierer

cajero

der Florist

florista

der Friseur

peluquero

der Schaffner

cobrador

der Mechaniker

mecánico

der Kapitän

capitán

der Zahnarzt

dentista

der Wissenschaftler

científico

der Rabbi

rabino

der Imam

imán

der Mönch

monje

der Geistliche

sacerdote

die Werkzeuge
herramientas

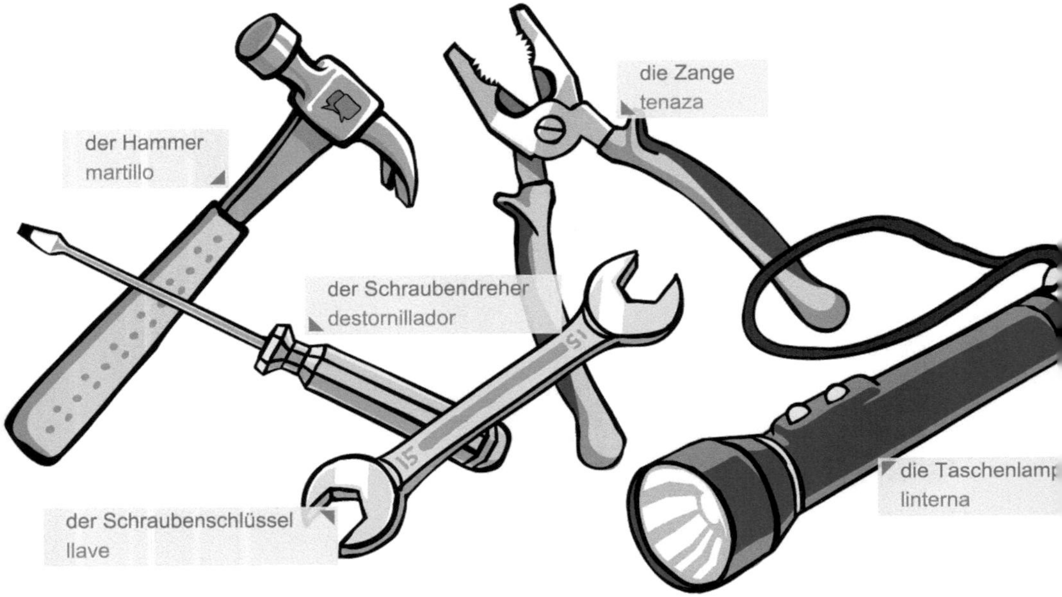
die Zange
tenaza
der Hammer
martillo
der Schraubendreher
destornillador
die Taschenlamp
linterna
der Schraubenschlüssel
llave

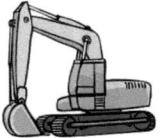

der Bagger

excavadora

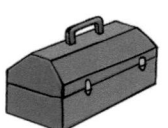

der Werkzeugkasten

caja de herramientas

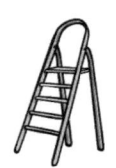

die Leiter

escalera portátil

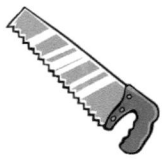

die Säge

sierra

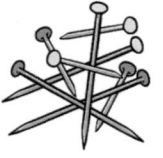

die Nägel

clavos

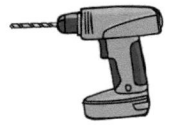

der Bohrer

taladro

reparieren
arreglar

die Schaufel
pala de jardín

Mist!
¡Qué bronca!

das Kehrblech
pala de plástico

der Farbtopf
tacho de pintura

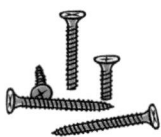

die Schrauben
tornillos

die Musikinstrumente
instrumentos musicales

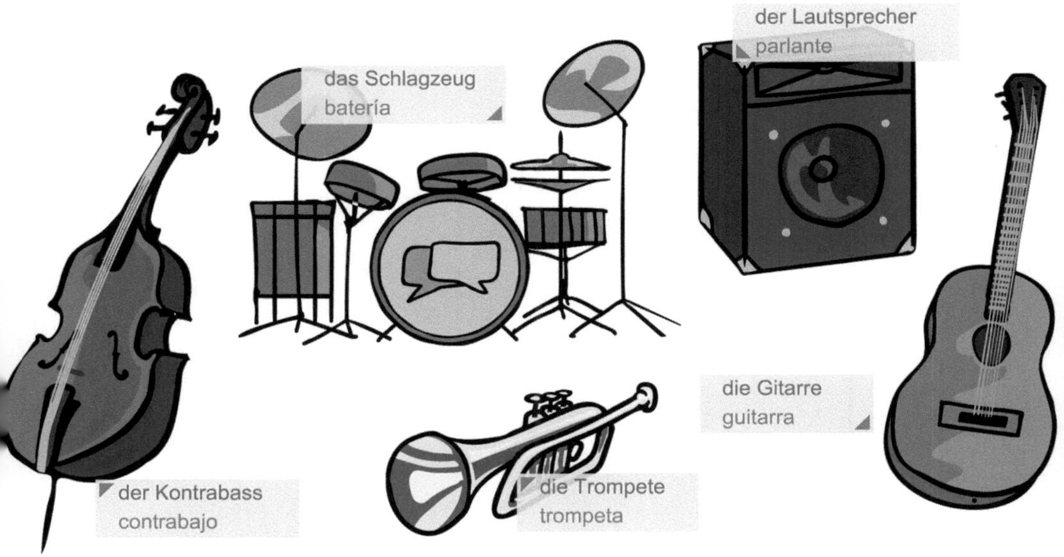

der Lautsprecher
parlante

das Schlagzeug
batería

die Gitarre
guitarra

der Kontrabass
contrabajo

die Trompete
trompeta

das Klavier

piano

die Violine

violín

der Bass

bajo

die Pauke

timbales

die Trommeln

tambor

das Keyboard

teclado

das Saxophon

saxofón

die Flöte

flauta

das Mikrofon

micrófono

der Zoo

zoológico

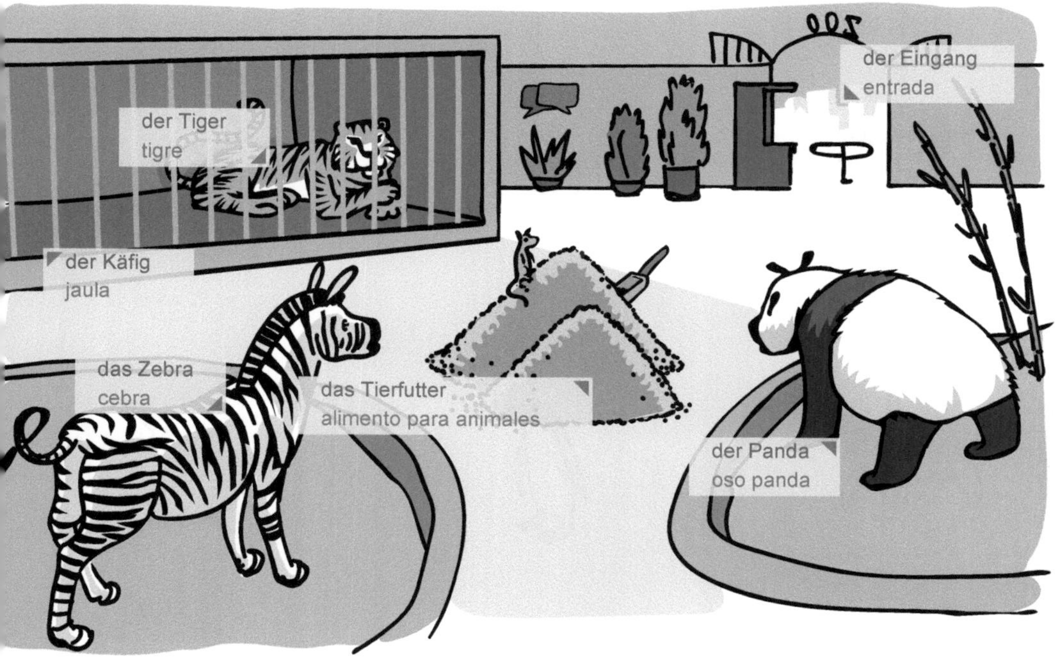
der Eingang
entrada
der Tiger
tigre
der Käfig
jaula
das Zebra
cebra
das Tierfutter
alimento para animales
der Panda
oso panda

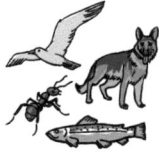

die Tiere

animales

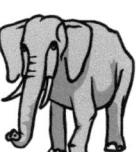

der Elefant

elefante

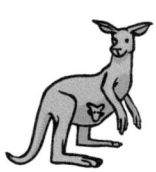

das Känguruh

canguro

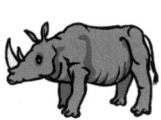

das Nashorn

rinoceronte

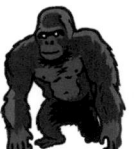

der Gorilla

gorila

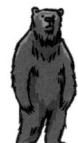

der Bär

oso

das Kamel

camello

der Strauß

avestruz

der Löwe

león

der Affe

mono

der Flamingo

flamenco

der Papagei

loro

der Eisbär

oso polar

der Pinguin

pingüino

der Hai

tiburón

der Pfau

pavo real

die Schlange

serpiente

das Krokodil

cocodrilo

der Zoowärter

cuidador del zoológico

die Robbe

foca

der Jaguar

jaguar

das Pony

poni

der Leopard

leopardo

das Nilpferd

hipopótamo

die Giraffe

jirafa

der Adler

águila

das Wildschwein

jabalí

der Fisch

pescado

die Schildkröte

tortuga

das Walross

morsa

der Fuchs

zorro

die Gazelle

gacela

das American Football
fútbol americano

das Radfahren
ciclismo

das Tennis
tenis

der Basketball
básquet

das Schwimmen
natación

das Boxen
boxeo

das Eishockey
hockey sobre hielo

der Fußball
fútbol

das Badminton
bádminton

die Leichtathletik
atletismo

der Handball
handball

das Skilaufen
esquí

das Polo
polo

die Aktivitäten
actividades

lachen
reír
springen
saltar
umarmen
abrazar
gehen
caminar
singen
cantar
träumen
soñar
beten
rezar
küssen
besar

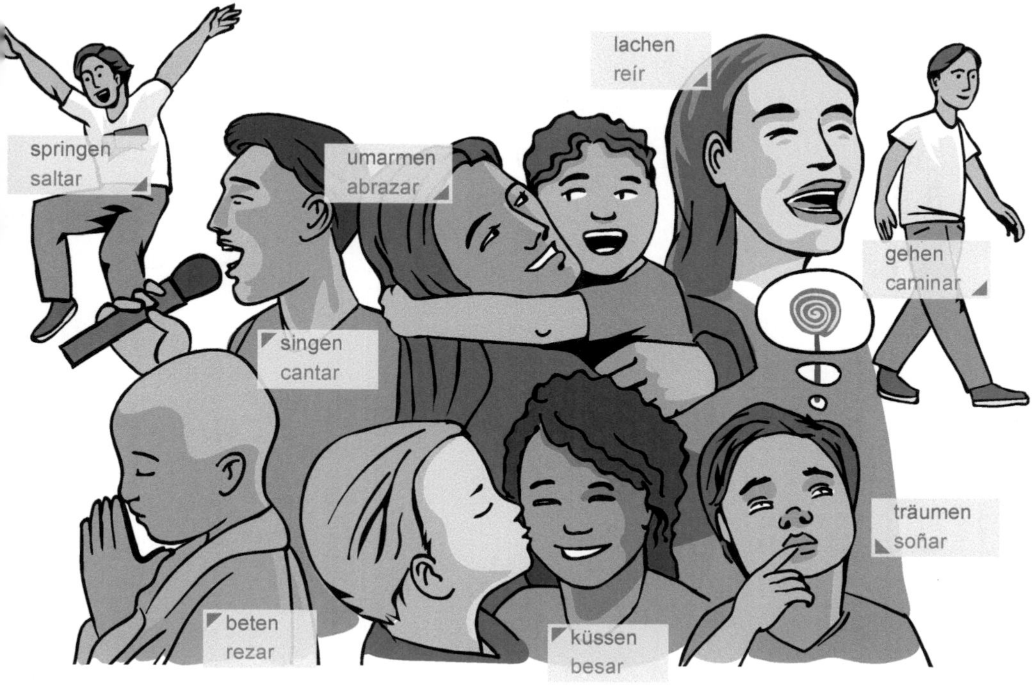

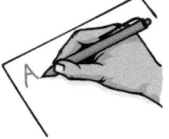

schreiben

escribir

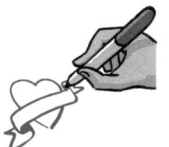

zeichnen

dibujar

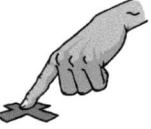

zeigen

mostrar

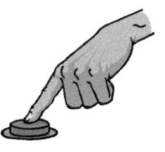

drücken

presionar

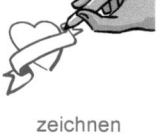

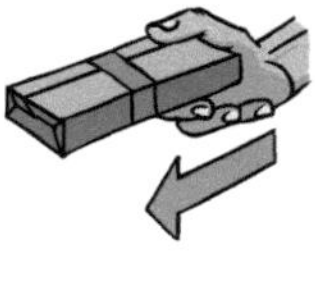

geben

dar

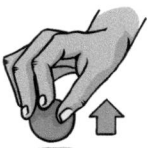

nehmen

tomar

haben

tener

tun

hacer

sein

ser

stehen

estar parado

laufen

correr

ziehen

tirar

werfen

tirar

fallen

caer

liegen

estar acostado

warten

esperar

tragen

llevar

sitzen

estar sentado

anziehen

vestirse

schlafen

dormir

aufwachen

despertar

ansehen

mirar

weinen

llorar

streicheln

acariciar

kämmen

peinar

reden

hablar

verstehen

entender

fragen

preguntar

hören

escuchar

trinken

beber

essen

comer

aufräumen

ordenar

lieben

amar

kochen

cocinar

fahren

manejar

fliegen

volar

segeln

navegar

rechnen

calcular

lesen

leer

lernen

aprender

arbeiten

trabajar

heiraten

casarse

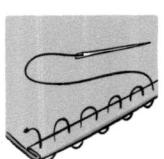

nähen

coser

Zähne putzen

cepillarse los dientes

töten

matar

rauchen

fumar

senden

enviar

die Großmutter
abuela

der Großvater
abuelo

der Vater
padre

die Mutter
madre

das Baby
bebé

die Tochter
hija

der Sohn
hijo

der Gast
invitado

die Tante
tía

der Onkel
tío

der Bruder
hermano

die Schwester
hermana

der Körper

cuerpo

die Stirn
frente
das Auge
ojo
die Schulter
hombro
der Finger
dedo
das Gesicht
cara
das Kinn
pera
die Hand
mano
das Bein
pierna
die Brust
pecho
der Arm
brazo

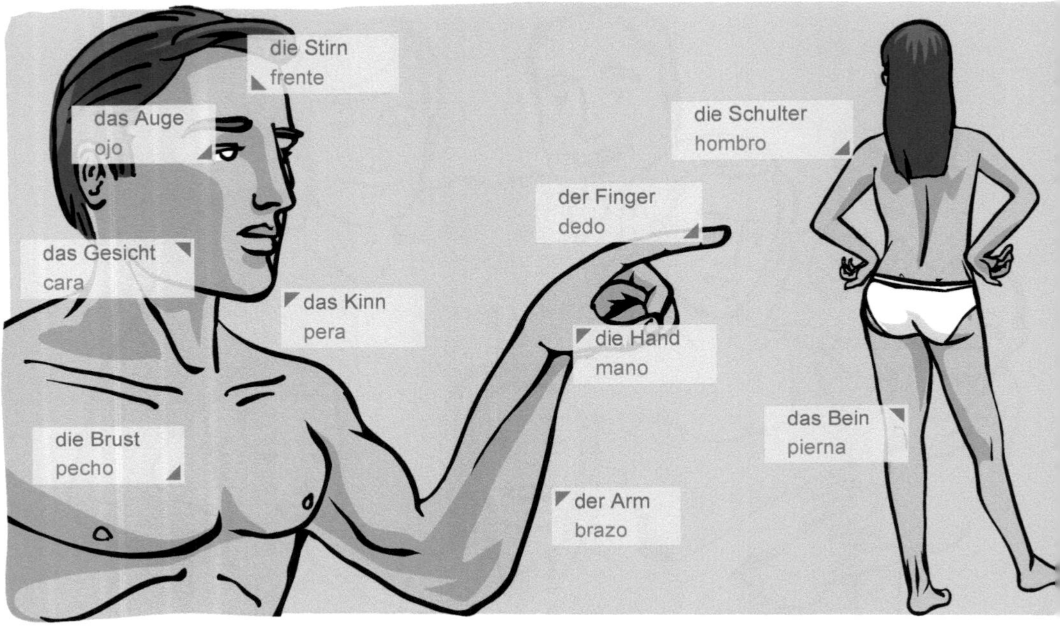

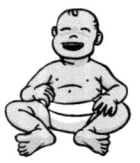

das Baby

bebé

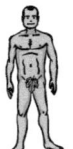

der Mann

hombre

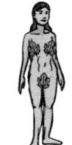

die Frau

mujer

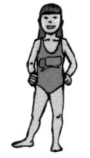

das Mädchen

nena

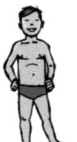

der Junge

nene

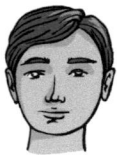

der Kopf

cabeza

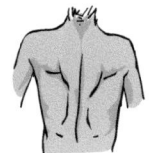

der Rücken

espalda

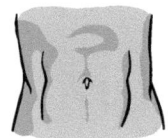

der Bauch

panza

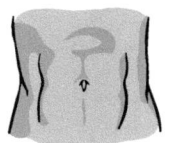

der Nabel

ombligo

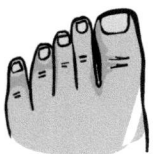

der Zeh

dedo del pie

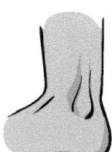

die Ferse

talón

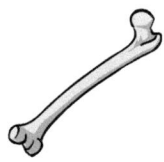

der Knochen

hueso

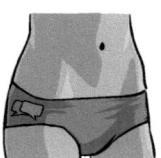

die Hüfte

cadera

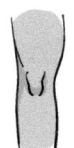

das Knie

rodilla

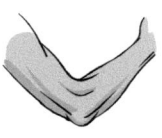

der Ellenbogen

codo

die Nase

nariz

das Gesäß

cola

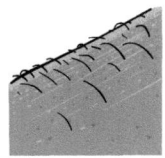

die Haut

piel

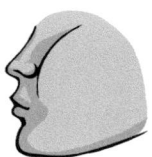

die Wange

cachete

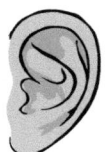

das Ohr

oreja

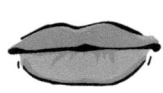

die Lippe

labio

der Mund

boca

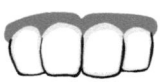

der Zahn

diente

die Zunge

lengua

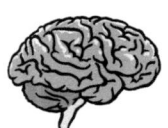

das Gehirn

cerebro

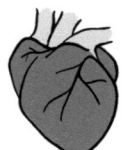

das Herz

corazón

der Muskel

músculo

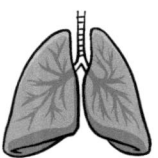

die Lunge

pulmón

die Leber

hígado

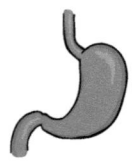

der Magen

estómago

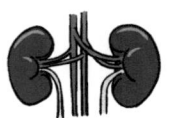

die Nieren

riñones

der Geschlechtsverkehr

sexo

das Kondom

preservativo

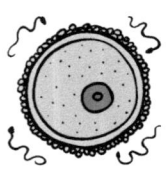

die Eizelle

óvulo

das Sperma

semen

die Schwangerschaft

embarazo

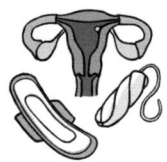

die Menstruation

menstruación

die Vagina

vagina

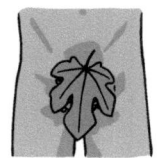

der Penis

pene

die Augenbraue

ceja

das Haar

pelo

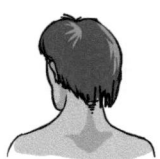

der Hals

cuello

das Krankenhaus
hospital

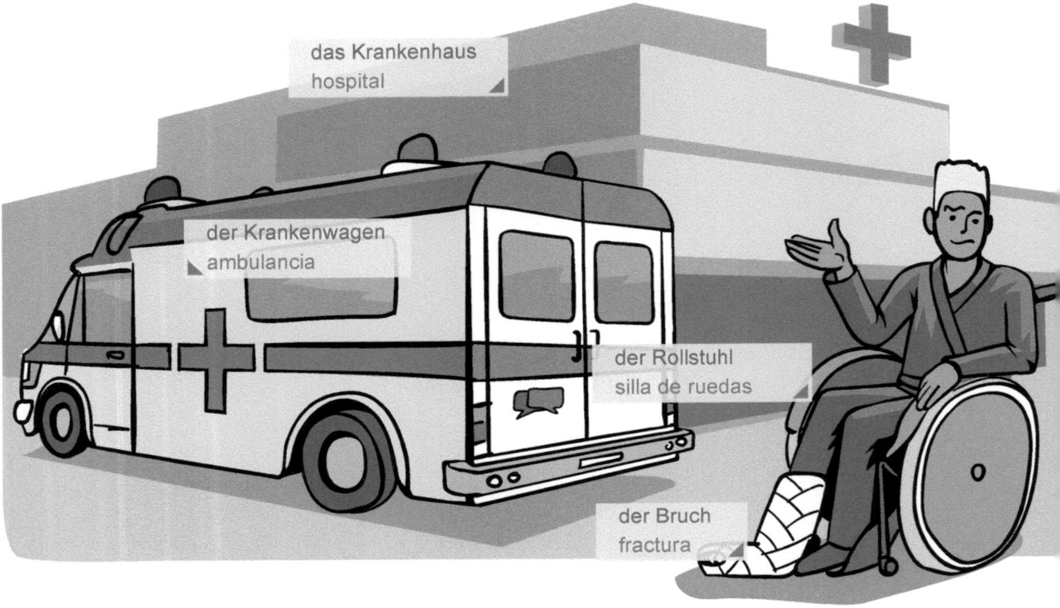

das Krankenhaus
hospital
der Krankenwagen
ambulancia
der Rollstuhl
silla de ruedas
der Bruch
fractura

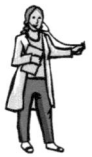

der Arzt

médico

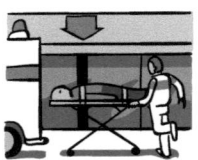

die Notaufnahme

sala de guardia

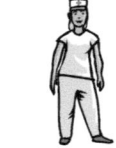

die Krankenschwester

enfermera

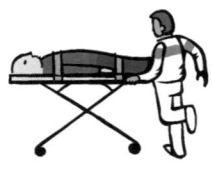

der Notfall

emergencia

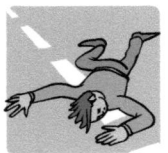

ohnmächtig

inconsciente

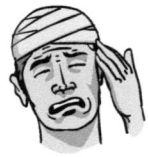

der Schmerz

dolor

die Verletzung

lesión

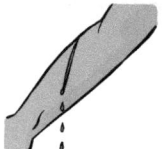

die Blutung

hemorragia

der Herzinfarkt

infarto

der Schlaganfall

ACV

die Allergie

alergia

der Husten

tos

das Fieber

fiebre

die Grippe

gripe

der Durchfall

diarrea

die Kopfschmerzen

dolor de cabeza

der Krebs

cáncer

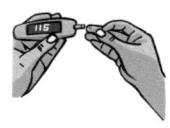

die Diabetis

diabetes

der Chirurg

cirujano

das Skalpell

bisturí

die Operation

operación

das CT

TC

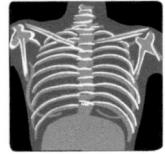

das Röntgen

rayos x

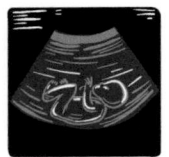

das Ultraschall

ecografía

die Maske

barbijo

die Krankheit

enfermedad

das Wartezimmer

sala de espera

die Krücke

muleta

das Pflaster

curita

der Verband

venda

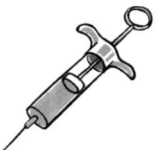

die Injektion

inyección

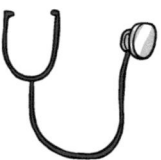

das Stethoskop

estetoscopio

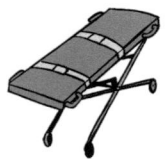

die Trage

camilla

das Thermometer

termómetro

die Geburt

nacimiento

das Übergewicht

sobrepeso

das Krankenhaus - hospital

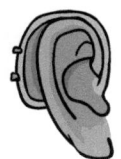

das Hörgerät

audífono

das Desinfektionsmittel

desinfectante

die Infektion

infección

das Virus

virus

das HIV / AIDS

VIH / SIDA

die Medizin

remedio

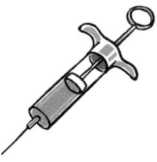

die Impfung

vacunación

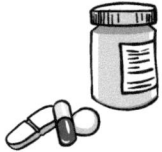

die Tabletten

comprimidos

die Pille

pastilla anticonceptiva

der Notruf

llamada de emergencia

das Blutdruck-Messgerät

tensiómetro

krank / gesund

enfermo / sano

Hilfe!

¡Ayuda!

der Alarm

alarma

der Überfall

agresión

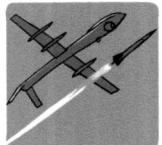

der Angriff

ataque

die Gefahr

peligro

der Notausgang

salida de emergencia

Feuer!

¡Fuego!

der Feuerlöscher

matafuego

der Unfall

accidente

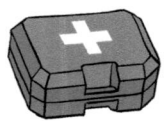

der Erste-Hilfe-Koffer

botiquín de primeros
auxilios

SOS

SOS

die Polizei

policía

das Europa

Europa

das Nordamerika

América del Norte

das Südamerika

América del Sur

das Afrika

África

das Asien

Asia

das Australien

Australia

der Atlantik

Atlántico

der Pazifik

Pacífico

der Indische Ozean

Océano Índico

der Antarktische Ozean

Océano Antártico

der Arktische Ozean

Océano Ártico

der Nordpol

polo norte

der Südpol

polo sur

die Antarktis

Antártida

die Erde

Tierra

das Land

tierra

das Meer

mar

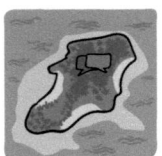

die Insel

isla

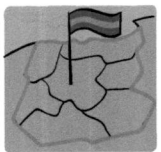

die Nation

nación

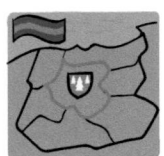

der Staat

estado

das Zifferblatt

esfera

der Stundenzeiger

manecilla de las horas

der Minutenzeiger

minutero

der Sekundenzeiger

segundero

Wie spät ist es?

¿Qué hora es?

der Tag

día

die Zeit

hora

jetzt

ahora

die Digitaluhr

reloj digital

die Minute

minuto

die Stunde

hora

die Woche

semana

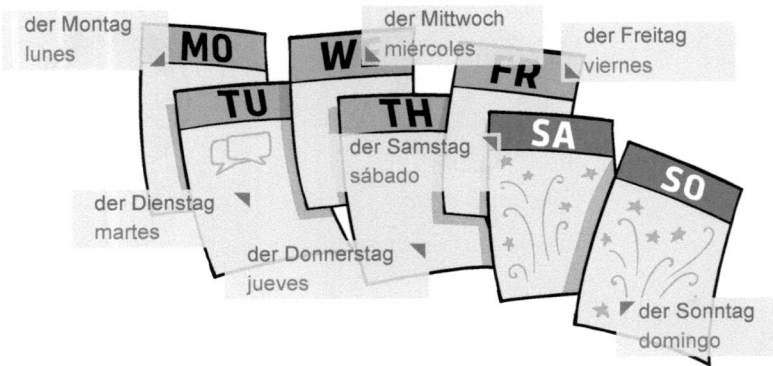

der Montag — lunes
der Mittwoch — miércoles
der Freitag — viernes
der Dienstag — martes
der Donnerstag — jueves
der Samstag — sábado
der Sonntag — domingo

gestern
ayer

heute
hoy

morgen
mañana

der Morgen
mañana

der Mittag
mediodía

der Abend
tarde

die Arbeitstage
días hábiles

das Wochenende
fin de semana

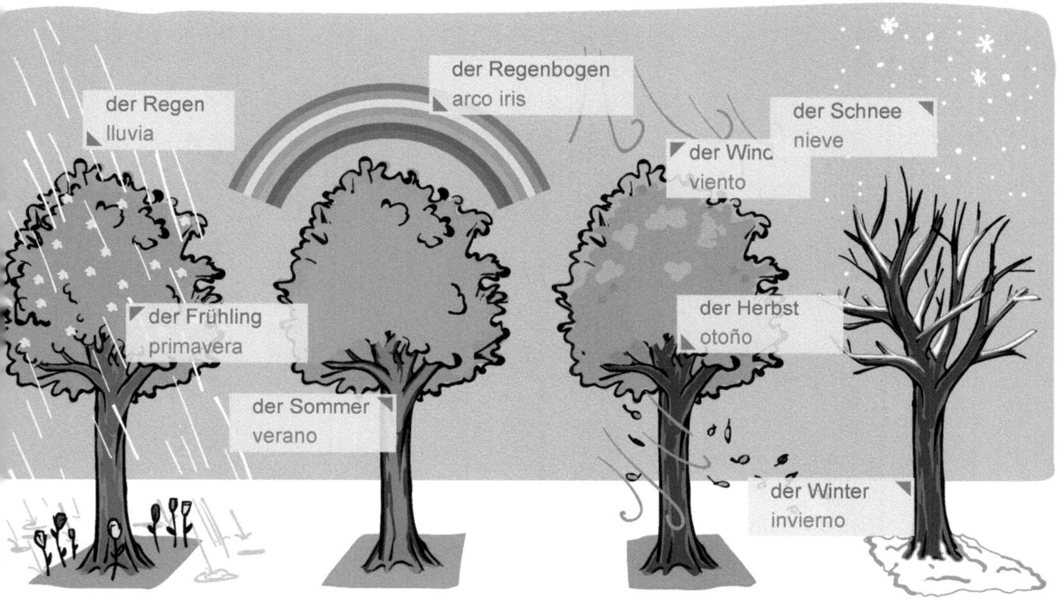

der Regen
lluvia

der Regenbogen
arco iris

der Schnee
nieve

der Wind
viento

der Frühling
primavera

der Herbst
otoño

der Sommer
verano

der Winter
invierno

die Wettervorhersage

pronóstico meteorológico

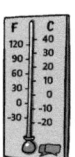

das Thermometer

termómetro

der Sonnenschein

luz del sol

die Wolke

nube

der Nebel

niebla

die Luftfeuchtigkeit

humedad

der Blitz

rayo

der Donner

trueno

der Sturm

tormenta

der Hagel

granizo

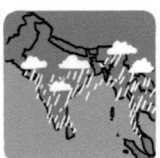

der Monsun

monzón

die Flut

inundación

das Eis

hielo

der Januar

enero

der Februar

febrero

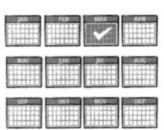

der März

marzo

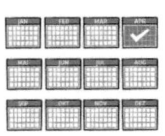

der April

abril

der Mai

mayo

der Juni

junio

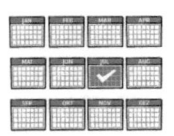

der Juli

julio

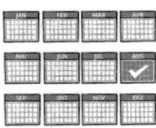

der August

agosto

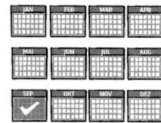

der September
....
septiembre

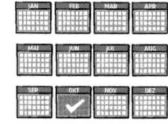

der Oktober
....
octubre

der November
....
noviembre

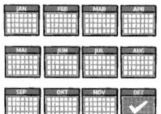

der Dezember
....
diciembre

die Formen
formas

der Kreis
....
círculo

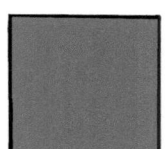

das Quadrat
....
cuadrado

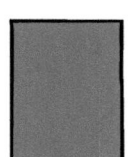

das Rechteck
....
rectángulo

das Dreieck
....
triángulo

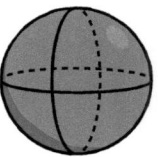

die Kugel
....
esfera

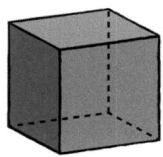

der Würfel
....
cubo

die Farben
colores

weiß
blanco

gelb
amarillo

orange
naranja

pink
rosa

rot
rojo

lila
violeta

blau
azul

grün
verde

braun
marrón

grau
gris

schwarz
negro

viel / wenig

mucho / poco

wütend / friedlich

enojado / tranquilo

hübsch / hässlich

lindo / feo

der Anfang / das Ende

principio / fin

groß / klein

grande / chico

hell / dunkel

claro / oscuro

der Bruder / die Schwester

hermano / hermana

sauber / schmutzig

limpio / sucio

vollständig / unvollständig

completo / incompleto

der Tag / die Nacht

día / noche

tot / lebendig

muerto / vivo

breit / schmal

ancho / angosto

genießbar / ungenießbar

comestible / no comestible

böse / freundlich

malo / amable

aufgeregt / gelangweilt

entusiasmado / aburrido

dick / dünn

gordo / flaco

zuerst / zuletzt

primero / último

der Freund / der Feind

amigo / enemigo

voll / leer

lleno / vacío

hart / weich

duro / blando

schwer / leicht

pesado / liviano

der Hunger / der Durst

hambre / sed

krank / gesund

enfermo / sano

illegal / legal

ilegal / legal

intelligent / dumm

inteligente / estúpido

links / rechts

izquierda / derecha

nah / fern

cerca / lejos

neu / gebraucht

nuevo / usado

nichts / etwas

nada / algo

alt / jung

viejo / joven

an / aus

encendido / apagado

offen / geschlossen

abierto / cerrado

leise / laut

silencioso / ruidoso

reich / arm

rico / pobre

richtig / falsch

correcto / incorrecto

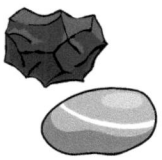

rau / glatt

áspero / suave

traurig / glücklich

triste / contento

kurz / lang

corto / largo

langsam / schnell

lento / rápido

nass / trocken

mojado / seco

warm / kühl

caliente / frío

der Krieg / der Frieden

guerra / paz

0

null

cero

1

eins

uno

2

zwei

dos

3

drei

tres

4

vier

cuatro

5

fünf

cinco

6

sechs

seis

7

sieben

siete

8

acht

ocho

9

neun

nueve

10

zehn

diez

11

elf

once

12

zwölf

doce

13

dreizehn

trece

14

vierzehn

catorce

15

fünfzehn

quince

16

sechzehn

dieciséis

17

siebzehn

diecisiete

18

achtzehn

dieciocho

19

neunzehn

diecinueve

20

zwanzig

veinte

100

hundert

cien

1.000

tausend

mil

1.000.000

million

millón

die Zahlen - números

Englisch

inglés

Amerikanisches Englisch

inglés americano

Chinesisch Mandarin

chino mandarín

Hindi

hindi

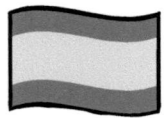

Spanisch

español

Französisch

francés

Arabisch

árabe

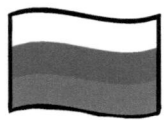

Russisch

ruso

Portugiesisch

portugués

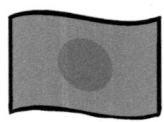

Bengalisch

bengalí

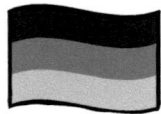

Deutsch

alemán

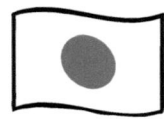

Japanisch

japonés

ich
yo

du
vos

er / sie / es
él / ella

wir
nosotros

ihr
ustedes

sie
ellos

wer?
¿quién?

was?
¿qué?

wie?
¿cómo?

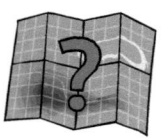

wo?
¿dónde?

wann?
¿cuándo?

Name
nombre

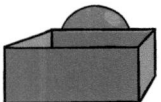

hinter
....
detrás

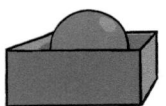

in
....
en

vor
....
adelante de

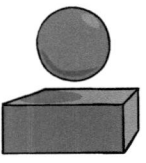

über
....
por encima de

auf
....
sobre

unter
....
debajo de

neben
....
al lado de

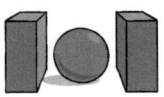

zwischen
....
entre

der Ort
....
lugar